VALOR

Ed Cole

WHITAKER
HOUSE

Editado por: Ofelia Pérez

Valor (Manual de Estudio)
Para ganar las batallas más difíciles de la vida

© 2015 por Ed Cole
ISBN: 978-1-62911-633-4
Impreso en los Estados Unidos de América

Whitaker House
1030 Hunt Valley Circle
New Kensington, PA 15068
www.whitakerhouseespanol.com

Contenido

Introducción

¡Bienvenido a bordo! Estoy encantado de saludarle en nombre de hombres desde Cincinnati a Singapur, y de Nueva York a Nepal, que se están levantando al desafío de "Especializarse en Hombría".

Mi oración es que, según usted vaya trabajando en este manual y su libro correspondiente, Dios se revele a sí mismo y a usted, señalando con precisión áreas de su vida que necesita cambiar, y animándolo en sus fuerzas, convicciones y sueños.

Algunos hombres omitirán algunas partes y recibirán alguna ayuda. Otros – y confío en que usted será uno de ellos – leerán el libro, meditarán en las verdades y memorizarán los principios, con la ambición de transformarse en grandes hombres de valor, poderosos hombres de valor; los héroes que se necesitan desesperadamente en el mundo de hoy.

Mi meta es que usted sea cambiado, educado y sobre todo, que sea profundo en la convicción y la revelación que vienen solo por acercarse más a Dios. Mi sueño al preparar este curso es que hombres en todo el mundo estudien más, enseñen mejor, y alcancen a más hombres que yo. A ese fin y para ese propósito, he consagrado mi vida y mi trabajo en los últimos cincuenta años.

Esta puede ser una de las experiencias que más cambiarán su vida. Permita que así sea. Mejor todavía; haga que así sea. La verdad es como el jabón. Solo funciona si lo aplicamos.

Lo admiro por dar este paso.

Edwin Louis Cole